GALERIE HISTORIQUE DE L'ALGÉRIE

4 BEAUX VOLUMES IN-8°

(Extrait du Prospectus.)

La *Galerie historique de l'Algérie* comprend plusieurs grandes divisions :

1° LES PRINCES ;

2° Les commandants en chef et les gouverneurs généraux ;

3° Les lieutenants généraux, maréchaux-de-camp, militaires de tout grade ;

4° Les administrateurs, écrivains, orateurs, etc.;

5° Les chefs indigènes, amis ou ennemis.

La civilisation de l'Algérie sera un jour un des plus beaux titres de la France du XIXe siècle à l'estime du monde. Réunir en un faisceau tous les noms qui auront illustré, pour ainsi dire, cette belle page de son histoire, telle est la patriotique pensée que nous avons conçue ; telle est la tâche que nous nous imposons. Nous l'accomplirons avec un rigoureux esprit d'impartialité !

LES PRINCES EN AFRIQUE

1 beau vol. in-8° de 450 à 500 pages.

Par une rare faveur de la fortune, les Princes ont été appelés à prendre part à toutes les grandes expéditions d'Afrique.

Ainsi, en 1835, le duc d'ORLÉANS fait avec le maréchal Clausel la curieuse campagne de Mascara ; en 1839, avec le maréchal Valée, celle des *Portes-de-Fer*, que nous auraient enviée les Romains, et enfin, en 1840, celle de Médéah, si féconde en périls et en beaux faits d'armes.

Le duc de NEMOURS est à côté du maréchal Clausel, en 1836, dans la première expédition de Constantine, célèbre par sa désastreuse et héroïque retraite. En 1837, il venge avec le maréchal Valée les revers de l'année précédente, voit périr auprès de lui le commandant en chef Damrémont, le général Perregaux, le colonel Combes, et arbore le drapeau de la France, au milieu de monceaux de ruines, sur la Casbah, que remplissent encore les femmes éplorées d'Achmet-Bey.

Le duc d'AUMALE débute par le combat de l'Afroun, à l'expédition de Médéah, en 1840 ; il se signale dans cette glorieuse campagne. En 1841, il détruit les établissements d'Abdel-Kader dans la province de Tittery. L'année suivante, il figure avec distinction dans la campagne de l'Ouarensenis, et porte les derniers coups à la puissance de l'Émir. En 1843, il s'empare, par un audacieux coup de main, de la *Smala* de ce redoutable adversaire, combat sur les frontières du désert, à 80 lieues de Constantine, donne des lois à des populations

1847

étonnées de notre présence, revient au centre de la province qu'il commande, et pénètre dans les montagnes de l'Aurès, où les Ouled-Soultan, kabyles indomptables, éprouvent la puissance de nos armes. Il crée, organise et complète par de bonnes institutions l'œuvre de la guerre. — En 1846, il revoit l'Algérie, châtie les nouvelles révoltes de l'Ouarensenis, pacifie l'Ouennouga, et organise les tribus dans le désert de Tittery.

Le duc de MONTPENSIER paye à son tour sa dette à l'Algérie. S'élançant au combat de Méchoumez (1843) sur les traces de son frère le duc d'AUMALE, il reçoit noblement le baptême de feu, et rapporte en France une honorable blessure. Il pénètre (1845) avec M. le maréchal Bugeaud dans les montagnes de l'Ouarensenis, soulevées par *Omar-ben-Ismaël*, et rend de nouveaux services.

Qui ne s'est ému, en France, au récit de la bataille d'Isly, au bombardement de Tanger et de Mogador, de cette *Souéra* chérie, de cette cité bien-aimée sur laquelle l'empereur Abderhaman avait concentré toutes ses affections de souverain? Qui n'a vu avec orgueil ses murs superbes s'écrouler, en présence de l'Anglais immobile, muet d'étonnement et de stupeur? et qui n'a associé dans son patriotisme au nom du vainqueur d'Isly, le nom populaire du héros de Saint-Jean-d'Ulloa et du généreux commandant de la Belle-Poule?

Tous ces événements, dont des circonstances récentes ravivent encore le puissant intérêt, rentrent dans le sujet des *Princes en Afrique*. Ce sujet est donc vaste; il embrasse une période de dix années, depuis la campagne de Mascara, en 1835, jusqu'à celle de l'Ouarensenis (mai 1845). Il nous conduit dans toutes les provinces de l'Algérie, d'*Alger*, d'*Oran* et de *Constantine*, et jusqu'à Biskara, jusqu'aux frontières du désert. Il prend Abdel-Kader à l'origine de sa fortune, pour ne le quitter qu'à la destruction de ses établissements, qu'à la fuite et qu'à la limite des plus grands revers. Il constitue, en un mot, l'histoire militaire de l'Algérie, et montre la France poursuivant, à travers les plus grands obstacles, son œuvre de civilisation et d'humanité et posant enfin d'une main ferme, sur ce sol désormais sacré pour nous, sur *cette terre à jamais française* (1), puisqu'elle renferme les ossements de tant de nos braves, les inébranlables fondements de la colonisation.

Les *Princes en Afrique*, qui doivent exciter une si puissante sympathie dans l'armée, ne seront pas recherchés avec un moindre intérêt par les citoyens qu'anime l'amour sincère du pays, et qui ne peuvent rester étrangers à rien de ce qui fait sa gloire et de ce qui doit accroître sa force et sa prospérité.

Cet ouvrage, dû à une plume exercée et particulièrement compétente (2), a sa place marquée dans toutes les bibliothèques.

(1) Discours du Roi, 28 décembre 1841.
(2) Ouvrages de M. Franque, Avocat, sur l'ALGÉRIE :
Revue africaine, 8 vol. in-8° de 1856 à 1838. (Première publication périodique qui ait été consacrée à l'Afrique.
Association nationale pour la colonisation de l'Algérie, in-8° 1838.
Compagnie d'Afrique pour la colonisation de l'Algérie, in-8° 1838.
Pétition à la chambre des députés pour la réunion d'Alger à la France.
Lois de l'Algérie annotées, de 1830 à 1847, 5 vol. in-8°. (Cet ouvrage se continue.)
Synthèse de la question d'Afrique, in-8° 1840.
Division politique, judiciaire, etc., de l'Algérie, in-8° 1844.

Sous Presse : LE CODE DE LA PROPRIÉTÉ, etc., etc.

SOUSCRIPTION AUX PRINCES EN AFRIQUE.

Les Princes en Afrique ouvrent la *Galerie historique de l'Algérie* et paraissent dans l'ordre suivant :

LE DUC D'ORLÉANS.
LE DUC D'AUMALE.
LE DUC DE MONTPENSIER.
LE PRINCE DE JOINVILLE.
LE DUC DE NEMOURS.

Les Notices sur le duc d'Orléans et sur le duc d'Aumale ont paru.

Les Princes en Afrique contiendront des Notes exactes et complètes sur le *Maroc, Tunis* et *Tripoli*.

Chacune de ces Notices se vend séparément 2 et 3 fr. Leur collection coûterait donc de 10 à 15 fr.

Pour mettre cet ouvrage à la portée de tous et initier toutes les classes à la connaissance des événements mémorables de l'Algérie, on le publie en un beau volume in 8° de 500 pages environ.

Ce volume ne coûtera que 5 fr. pour Paris, et 6 fr. pour les départements, franc de port, pour les souscripteurs avant le 1er novembre prochain.

On souscrit chez tous les libraires de Paris et des départements, et chez tous les directeurs de postes.

On peut souscrire directement en remplissant la formule ci-après et en envoyant un mandat par la poste.

PREMIERS SOUSCRIPTEURS :

Le ROI, pour un grand nombre d'exemplaires.
Le *Ministre de la guerre*, pour 50 exemplaires.
Le *Ministre de la marine*, pour 11 exemplaires, etc., etc., etc.

SOUSCRIPTION.

(Détacher ce bulletin, le *plier* et *affranchir*. L'adresse est au dos.)

Je soussigné (1)   *demeurant*

à   *département d*

déclare souscrire pour   *exemplaire*

de l'ouvrage intitulé : LES PRINCES EN AFRIQUE.

A   *le*

Signature.

(1) Mettre ici lisiblement les nom, prénoms et adresse.

AVIS ESSENTIEL.

Toute personne qui souscrira pour cinq exemplaires et enverra un mandat de TRENTE FRANCS, aura droit à un exemplaire en sus et recevra six exemplaires.

Les libraires qui souscriront pour CENT EXEMPLAIRES et qui enverront un mandat de SIX CENTS FRANCS, auront droit à cent-trente exemplaires.

Paris. Imprimerie de H. Vrayet de Surcy et Cie, rue de Sèvres, 37.

LES PRINCES

EN AFRIQUE

Ne quid veri non audeat.
Cic.
Ferro iter aperiendum est.
Sall.
En avant !...
Le duc d'Aumale, p. 32.

PARIS

Chez J. DELAHAYE, éditeur, rue Hautefeuille, 16

ET CHEZ TOUS LES LIBRAIRES

Prix : 2 francs.

1845

‑‑‑

Aux yeux de l'observateur philosophe, du penseur sérieux, le monde entier prend une face nouvelle. Tandis que l'ancien continent européen semble s'effacer et n'est plus agité par des idées de conquête et de gloire, surgissent de nouveaux états; de nouvelles provinces qui, à peine notées autrefois sur les cartes géographiques, appellent aujourd'hui nos regards et nous étonnent par leur importance.

Déjà les deux Amériques, sorties d'un long engourdissement, ont pris rang parmi les grandes puissances. L'Orient à son tour s'est ému, et il a suffi de la volonté d'un homme capable et ferme pour préparer l'Égypte au retour de son ancienne splendeur et de sa célébrité.

Grâce à la valeur française, l'Europe a cessé de payer aux pirates de l'Afrique, un indigne tribut; la Méditerranée est libre. L'Algérie, depuis 15 ans, fournit presque seule à l'histoire contemporaine les matériaux les plus intéressants ; elle offre le spectacle le plus attachant et le plus dramatique.

D'un côté, la guerre avec ses périls et la destruction qui la suit; les dévouements sublimes, les grands et nobles caractères : de l'autre, la civilisation qui répare, la religion qui lutte avec courage et persévérance pour dissiper les ténèbres du fanatisme le plus cruel, le plus enraciné ; les arts, le commerce et l'agriculture qui s'étendent successivement.

Là, se fonde un nouvel empire. L'intrépide colon, fidèle au génie et au drapeau de la France, tient la charrue d'une main et le glaive de l'autre ; ses utiles et périlleux travaux complètent l'œuvre glorieuse du soldat.

Depuis longtemps nous recueillons avec soin toutes ces scènes,

LE DUC D'AUMALE.

1845

HENRI-EUGÈNE-PHILIPPE-LOUIS D'ORLÉANS,

DUC D'AUMALE,

né à Paris, le 16 Janvier 1822.

I.

M. le duc d'Aumale vient pour la première fois en Afrique, en avril 1840. Il y accompagne son frère monseigneur le duc d'Orléans.

La guerre s'était rallumée à la fin de 1839. Il fallait atteindre Abd-el-Kader au cœur de sa puissance. Il fallait s'emparer de Médéah ; le Tenyah de Mouzaïa devait être franchi ; de grandes fatigues, des dangers sérieux étaient réservés à nos troupes ; les deux princes accoururent pour les partager.

Le duc d'Aumale est à l'avant-garde, dans la division que commande son noble frère. Le 27 avril, il rencontre l'ennemi, et le charge à la tête du 1er régiment de chasseurs d'Afrique. Les Arabes opposent la plus vive résistance, mais, après un combat sanglant, ils sont enfin repoussés des hauteurs de l'Afroun, et culbutés dans la vallée de Bou-Roumi.

L'ennemi était nombreux et résolu. Des engagements meurtriers marquent chaque journée de cette mémorable expédition. Le duc d'Aumale se signale dans toutes les occasions, et révèle avec éclat les qualités guerrières qui doivent l'illustrer à Aïn-Taguin et à Mechoumez.

A l'attaque du col, au moment où les troupes de la division de M. le duc d'Orléans se précipitent sur cette position formidable, d'ailleurs intrépidement défendue, le jeune prince voyant que le colonel Gueswiller a de la peine à suivre cette marche rapide, se jette à bas de son cheval, force le colonel de le prendre, court à la tête des grenadiers, et arrive un des premiers sur le col que les Arabes évacuent en désordre.

Tel fut le début de monsieur le duc d'Aumale en Afrique. L'illustre maréchal Valée qui commandait l'expédition, dit de Son Altesse Royale, dans son rapport du 27 mai:

« Monseigneur le duc d'Aumale qui paraissait à
« l'armée pour la première fois, a montré un cou-
« rage et une ardeur qui l'ont fait remarquer de
« tous. »

Le jeune prince fut mis à l'ordre de l'armée du 28 mai.

II.

(1841.) — L'année suivante, monsieur le duc
d'Aumale arrive à Alger (19 mars) pour prendre
part, en qualité de lieutenant-colonel du 24ᵉ de ligne,
aux expéditions qui se préparaient.

La première eut pour but le ravitaillement de
Médéah. Deux convois devaient y être déposés.
Les Arabes commandés par El-Berkani, ex-bey de
Médéah, inquiétèrent vivement cette expédition, et
dirigèrent plusieurs attaques très-sérieuses contre
nos troupes. Dans la journée du 3 avril, pour re-
pousser ces attaques, trois bataillons, dont un com-
mandé par M. le duc d'Aumale, mettent sacs à terre,
et se lancent au pas de course sur la cavalerie en-
nemie. Les Arabes sont refoulés dans un ravin et
fusillés de fort près. Plusieurs autres combats si-

gnalent encore cette expédition de courte durée, mais qui assura à nos armes une grande supériorité morale [1]. Médéah et Milianah furent encore ravitaillées à quelques jours de là, par une colonne dans laquelle monsieur le duc de Nemours était venu prendre le commandement d'une division. Les Arabes ont à leur tête Abd-el-Kader en personne. Ce chef a réuni sous ses drapeaux la moitié des contingents de cavalerie de la province d'Oran, une moitié de ses bataillons et de ses escadrons réguliers, plus une masse de fantassins Kabyles de la province de Tittery. Cette réunion de forces peut être évaluée à quinze mille hommes, dont la moitié à cheval. Notre petit corps d'armée ne comptait que sept à huit mille hommes dont douze cents hommes de cavalerie. Malgré sa supériorité numérique, l'Émir ne dispute point sérieusement l'accès de Milianah à notre colonne embarrassée de son convoi. Dès que le convoi est déposé dans la place, on se porte sur le Chéliff, et jusqu'au pont de ce fleuve, à dix lieues de Milianah. On

---

[1] C'est dans le cours de cette expédition que le général Changarnier fut atteint d'un coup de feu à l'épaule. On crut d'abord sa blessure mortelle ; mais la balle fut extraite, et ce brave officier se remit à la tête de sa troupe.

pousse même plus loin, on va exécuter une razia dans la tribu de Zug-Zug. La retraite se fit, sans qu'Abd–el-Kader osât nous attaquer sérieusement.

Quoiqu'il en soit, les journées de Milianah et du Chéliff furent remarquables par l'ascendant conquis sur l'armée de l'Émir au début de la campagne, à la vue des tribus de l'Atlas. C'était d'ailleurs la première fois que le fleuve était franchi par nos colonnes.

Dans tout le cours de ces expéditions, le jeune colonel du 24e de ligne se montre digne de marcher à la tête de ce brave régiment. Il est cité honorable-

ment dans les rapports de M. le Maréchal Bugeaud,
des 12 avril et 13 mai.

III.

Une expédition plus importante fut dirigée contre les établissements nouveaux qu'avait fondés Abd-el-Kader, sur une ligne plus reculée au sud de l'Algérie [1]. L'Émir prenait toutes ses précautions contre l'avenir, mais il était loin de penser que nos armes se porteraient sur ces points éloignés où il avait concentré toutes ses ressources, et sur lesquels s'appuyaient ses dernières espérances. Rien, en effet, ne devait résister à l'action impétueuse de nos troupes.

[1] Les nouveaux établissements fondés par Abd-el-Kader étaient Boghar et Thaza dans la province de Tittery ; Saida, Tafraoua, et Tegedempt, dans la province d'Oran. Au moment où M. le général Baraguay d'Hilliers détruisait les deux premiers dans la province de Tittery, M. le gouverneur général en personne dirigeait une expédition contre les autres dans la province d'Oran.

ᴇs Arabes n'osèrent même les attendre. Mais toujours fiers et implacables, ils incendièrent eux - mêmes Boghar [1] et Thaza [2], et ne nous laissèrent plus qu'à achever la destruction qu'ils avaient si bien commencée. Pendant cette expédition pleine de cruelles fatigues, sinon de périls, monsieur le duc d'Aumale marchant sans cesse à la tête de son régiment, partageant toutes les misères du soldat, donnant à tous l'exemple de la plus parfaite abnégation, acquit de nouveaux droits à l'admiration de l'armée.

Le prince part pour la France, le 27 juillet, avec

[1] Boghar, à 15 lieues environ au sud-est de Médéah, avait été commencée, en juillet 1839, sous les ordres de Barkani, kalifah de Médéah.

[2] Thaza, à 12 lieues sud-sud-est de Milianah, sur la montagne de Matmata, une des plus élevées de la chaîne du grand Atlas, avait été fondée en juin 1838, par M'barek, kalifah de Milianah. Cette forteresse, pour laquelle l'émir avait dépensé, dit-on, 400,000 francs, était beaucoup mieux construite que celle de Boghar. Elle était la principale place d'Abd-el-Kader dans le sud.

le 17e léger dont il avait été nommé colonel à la suite de ces expéditions. M. le Gouverneur général et avec lui toutes les autorités civiles et militaires l'accompagnent jusqu'au lieu de l'embarquement ; une nombreuse population vient aussi lui faire ses adieux. C'était des honneurs tout spontanés, car le prince avait refusé ceux qui étaient dus à son rang. Les acclamations du peuple, des soldats et des matelots lui dirent d'une manière bien expressive qu'il emportait les regrets et l'affection de tous.

IV.

Le brave 17ᵉ léger et son digne colonel reçoivent de Marseille à Paris, dans les villes et jusque dans les hameaux, les démonstrations les plus vives de l'admiration des Français de toutes les classes pour la gloire militaire : partout on vit des populations entières, depuis le premier magistrat, jusqu'au citoyen le plus humble, s'empresser d'offrir au colonel du 17ᵉ léger les félicitations les plus flatteuses, et le prince reporter constamment à son régiment ces tributs d'éloges décernés avec tant de spontanéité. En un mot la marche du 17ᵉ léger fut un véritable triomphe. M. le duc d'Aumale entra dans Paris (7 septembre 1841) au milieu d'un immense concours d'habitants empressés de témoigner leur sympathie à l'un des braves régiments d'Afrique.

Un attentat inexplicable dirigé pendant cette

marche triomphale contre la vie du jeune colonel excite la plus vive indignation dans toutes les classes de la population parisienne et montre dans tout leur jour les qualités généreuses du prince et de son frère le duc d'Orléans. Le régiment arrivé aux Tuileries, est dirigé sur le parc de Neuilly. Tout y avait été préparé pour une fête brillante que le roi donnait à l'armée d'Afrique, à l'armée entière. L'on y avait admis, en effet, tout le 17ᵉ léger, des députations de tous les corps de la garnison de Paris et de la division hors Paris (cent hommes par régiment d'infanterie et d'artillerie, officiers, sous-officiers et soldats; cinquante hommes par régiments de cavalerie, etc., etc.); cent hommes (officiers et soldats) des invalides; une députation de compagnie de vétérans; des députations des camps de vétérans, des députations des camps de Compiègne et de Chartres et des 3ᵉ, 10ᵉ et 16ᵉ divisions militaires composées de militaires ayant fait partie de l'armée d'Afrique; MM. les maréchaux de France, tous les officiers généraux présents à Paris ou dans la banlieue; les officiers supérieurs d'état-major de l'artillerie et du génie, des armées de terre et de mer, les intendants militaires, officiers de santé et d'administration, enfin les officiers généraux et supérieurs de l'armée d'Afrique, en congé à Paris.

Toutes ces députations se rendent en ordre au parc de Neuilly, attendant avec impatience le 17ᵉ régiment d'infanterie légère ; elles se portent en masse à sa rencontre.

Le roi arrive accompagné de S. M. le roi des Belges, de M. le duc d'Orléans et d'un nombreux état-major et prend place à la table qui avait été dressée sur une estrade d'une grande étendue.

Cette imposante réunion d'environ six mille personnes avait l'aspect d'une division d'armée massée pour la bataille sur deux colnones profondes.

La fin du repas approchant, le maréchal Soult porte la santé du roi. Sa voix fut bientôt couverte par des cris de vive le roi prononcés et répétés avec enthousiasme par les six mille convives qui se trouvaient groupés en avant et autour de sa majesté. Ce fut un très-beau moment que cette manifestation éclatante. Des signaux répétés demandèrent en vain un instant de silence. Les cris redoublaient : les acclamations cessent enfin, et le roi répond au toast que M. le président du conseil venait de lui porter :

« Mon cher maréchal, je ne puis mieux répondre
« au toast que vous venez de porter pour moi, au
« nom de l'armée dont vous êtes un si digne inter-

« prète, qu'en vous portant à mon tour celui de
« notre brave armée. Toujours heureux et fier, mes
« chers camarades, de me rappeler que, dans mes
« jeunes années, j'ai combattu dans vos rangs pour
« la défense de la patrie, il m'est très-doux de me
« voir remplacé sous nos glorieux drapeaux, par
« des fils qui ont déjà réussi, en tant de lieux, à con-
« quérir votre estime, votre confiance, et aussi cette
« affection que je jouis si vivement d'avoir toujours
« obtenue de vous. J'ai voulu réunir autour de moi
« tous les corps de l'armée qui se trouvaient en ce
« moment à ma portée, afin de vous associer tous
« également au témoignage de satisfaction, dont
« mon quatrième fils le duc d'Aumale, vient d'être
« entouré, en traversant la France, à la tête du
« brave régiment qu'il a eu l'honneur de com-
« mander en Algérie, sur cette terre où, depuis
« onze ans, nos troupes rivalisent de valeur, et où
« toutes ont conquis tant de titres à la reconnais-
« sance de la patrie et à la mienne. J'ai voulu, par
« cette réunion, que ces témoignages s'étendissent
« indistinctement à ceux qui nous donnent en France
« tant de preuves de leur inébranlable dévouement
« à nos institutions, aussi bien qu'à ceux qui sou-
« tiennent si honorablement en Afrique, la lutte
« dans laquelle nous sommes engagés. J'ai la con-

« fiance que leur persévérance affermira définitive-
« ment notre établissement en Algérie, qui est
« maintenant un de nos grands intérêts nationaux,
« et que nous pourrons bientôt y répandre les
« bienfaits de la civilisation, garantir la sécurité de
« ses habitants, et ouvrir pour tous de nouvelles
« sources de prospérité.

« Ainsi, mes chers camarades, c'est comme Roi,
« et comme chef de l'armée, que je porte à tous les
« régiments, à tous les corps de terre et de mer
« qui la composent en France, en Afrique, et par
« delà les mers, ce toast de reconnaissance et de
« satisfaction. »

Cette réponse prononcée par Sa Majesté d'une
voix forte, pénétra tous les assistants qui eurent le
bonheur de l'entendre ; elle se transmit comme l'é-
clair, et fut suivie des plus vives acclamations et des
cris prolongés de vive le Roi.

« L'armée d'Afrique, écrivait M. le maréchal
Soult à M. le Gouverneur-Général en lui adressant
la relation de cette fête mémorable, trouvera dans
les paroles du Roi la noble récompense de ses
éminents services, de ses dangers et de ses priva-
tions, en même temps qu'un grand encourage-

ment pour les nouveaux services qu'elle est appelée
à rendre [1]. »

L'armée a montré depuis, qu'elle était digne de
ces glorieux éloges, et le duc d'Aumale a justifié de
son côté les hautes espérances que de si nobles com-
mencements avait données.

[1] Les détails qui précèdent se trouvent au *Moniteur Algérien*,
du 5 octobre 1841.

V.

(1842). — En 1842, Son Altesse Royale appelée au commandement de la province de Médéah, arrive à Alger. (19 novembre.) Dans le peu de moments dont elle peut disposer à son passage dans cette ville, elle visite les hôpitaux militaires de la place, et manifeste à cette occasion la vive sollicitude qui l'anime constamment pour le bien-être du soldat.

La campagne de l'Ouarensenis, entreprise pour empêcher Abd-el-Kader de se créer de nouvelles ressources dans cette chaîne de montagnes, qui s'étend depuis l'Oued-Ruina jusqu'à l'Oued-Richou, était commencée (24 novembre). Son Altesse Royale commanda l'infanterie dans la colonne de droite placée sous les ordres de M. le Gouverneur-Général. Cette brillante expédition fut couronnée du plus beau succès. Elle eut pour résultat la soumission de presque toute la chaîne de l'Ouarensenis jusqu'à l'Oued-Richou, de toute la vallée du Chéliff jusqu'à la rive gauche, de deux tribus sur la rive droite, de la presque totalité de la tribu des Flitas, qui compte trois mille cavaliers, et de toutes les tribus secondaïres qui bordent la Djedia-nia, et la rive gauche de l'Oued-Richou. Le duc d'Aumale cité avec honneur dans le rapport du Gouverneur-Général du 50 décembre 1842, fut chargé de ramener une partie des troupes de l'expé-dition dans la province d'Alger. Un ordre du jour avait investi Son Altesse Royale pendant l'absence du général Changarnier du commandement des pro-vinces de Médéah et de Milianah.

1845. — Peu de temps après, le duc d'Aumale reçut de M. le Gouverneur-Général, sans cesse oc-cupé de surveiller et de déjouer les projets d'Abd-el-Kader, l'ordre de se porter dans le sud-ouest de Médéah, de tomber sur les Ouled-Antheur, qui avaient donné des signes de révolte, et de manœu-vrer ensuite pour protéger l'agalick des Ouled-Ayad, en attaquant leurs ennemis, et s'il le pouvait Ben-Allel-Embareck lui-même. Par une marche de nuit, Son Altesse Royale tombe à l'improviste sur la kasma de Ben-Allel-Embareck, kalifah d'Abd-el-Kader et s'en empare. L'on fait un immense butin sur la tribu de Djeloul, et l'on vide les silos des

Ouled-Siouf, qui avaient reçu Ben-Allel [1].

Au mois de mars, M. le duc d'Aumale est chargé de parcourir la province de Sebaou. Malgré l'intempérie de la saison (en une seule nuit, quatorze hommes étaient morts de froid) la colonne obtint des résultats importants. Elle eut le 11 mars, un combat brillant avec les Kabyles au pied du Jurjura. La tribu des Nezlioua fut châtiée ; les agaliks des Beni-Djaads et des Aribs furent pacifiés sans coup férir.

[1] Pendant cette expédition, M. le duc d'Aumale n'avait que 800 baïonnettes et 200 chevaux. En ce moment, la province d'Oran était insurgée. Les succès obtenus par S. A. R. empêchèrent l'insurrection de gagner le sud. Pas une tribu de la province de Tittery ne bougea.

Depuis plusieurs mois, une certaine perturbation régnait dans le sud de la province de Tittery. Son altesse royale dirige de ce côté une expédition (16-20 avril). (*Moniteur* du 15 mai.) Quelques tribus turbulentes, celle des Rhaman, celle des Moniadas, qui entretenaient des relations avec Abd-el-Kader sont châtiées et obligées de rentrer dans le devoir. Les détenteurs des biens du beylick, les correspondants d'Abd-el-Kader et de ses kalifahs sont arrêtés et remis en liberté, après avoir payé les amendes qui leur sont imposées. D'autres résultats importants sont également obtenus.

Mais un coup de main véritablement remarquable et bien digne de l'immense retentissement qu'il a eu, devait bientôt illustrer le jeune Prince.

Une colonne avait été rassemblée à Boghar, le 10 mai, sous les ordres de Son Altesse Royale : il s'agissait de surprendre et d'atteindre la smala d'Abd-el-Kader. Après quatre jours de marche, l'on arrive à Ouessek-on-Rekai, à environ quinze lieues au sud-ouest du petit village de Goujelat. Une marche de nuit porta la colonne sur ce point (du 14 au 15), et l'on apprit que la smala avait été dirigée sur Taguin, dont on était séparé par un désert de vingt lieues. Le Prince n'hésite point. L'ordre est donné de marcher sur Taguin. Le 16 au matin, quelques traînards de la smala sont aperçus; à onze heures l'on est informé par un chef indigène que la smala tout entière (environ trois cents douars) est établie sur la source même de Ta-guin, à une distance de mille mètres à peine. La smala est nombreuse; elle ne compte pas moins de dix mille hommes armés (dont deux mille quatre-vingt-dix cavaliers et six cents fantassins présents). M. le duc d'Aumale n'a qu'un petit nombre de cavaliers à sa disposition; cette faiblesse numérique fait douter du succès aux plus braves; les Arabes dans nos rangs supplient le Prince d'attendre l'infanterie qui est en marche et qui doit bientôt rejoindre. C'est dans ce moment que le duc d'Aumale n'écoutant que son courage et comptant sur le dévouement et l'énergie de ses troupes, s'écrie : « Je suis d'une famille où l'on ne « recule jamais ; » et il s'élance le sabre au poing, à la tête des troupes. Tous, officiers, sous-officiers et soldats sont électrisés. La cavalerie se déploie et se précipite avec cette impétuosité qui est le trait distinctif de notre caractère national. A gauche les spahis, entraînés par leurs braves officiers, culbutent l'infanterie régulière d'Abd-el-Kader, qui se défend avec le courage du désespoir. Sur la droite, les chasseurs traversent toutes les tentes sous une vive fusillade, renversent tout ce qu'ils rencontrent, et vont arrêter la tête des fuyards, que de braves et nombreux cavaliers cherchent vainement à dégager. Officiers et soldats rivalisent et se multiplient pour dissiper un ennemi si supérieur en nombre. Les Français n'étaient que cinq cents hommes, et il y avait cinq mille Arabes armés dans la smala[1]. On ne tua que des combattants dont il resta trois cents cadavres sur le terrain. De notre côté, nous eûmes neuf hommes tués et douze blessés.

Cette action extraordinaire eut pour résultats le pillage du trésor d'Abd-el-Kader, la dispersion ou le massacre de son infanterie régulière, la prise de quatre drapeaux, d'un canon, de deux affûts et

[1] La smala forme à elle seule une importante division de l'armée, puisqu'elle comprend tout le matériel, le personnel des hauts fonctionnaires, les domestiques et ôtages de la maison princière de l'émir, les provisions de bouche et de guerre, les archives, le trésor, le bétail, le haras, le magkzem, les femmes et les enfants composant la famille.

Voici un extrait de ce que transmettait à ce sujet M. le lieutenant colonel Daumas, directeur des affaires arabes.

« L'idée de la smala avait été conçue par notre infatigable ad-
« versaire, afin que désormais, sans inquiétude pour sa famille,
« pour celles de ses chefs les plus dévoués, et pour la conser-
« vation de ce qu'on appelle son trésor, il pût se livrer sans ré-

d'une population considérable ; l'on fit un butin immense. (*Moniteur du 31 mai.*)

« serve au soin de nous créer des embarras, et de lutter par tous
« les moyens imaginables contre notre domination. Il avait
« vu, de retraite en retraite, tous ses établissements fixes succes-
« sivement envahis et détruits par nos soldats. Pressé entre le
« désert et nos colonnes, il comprit que pour sauver les plus pré-
« cieux débris de sa puissance, il ne lui restait plus qu'un moyen,
« c'était de les rendre mobiles, comme toutes les tribus arabes,
« et de dérober à nos armes, par la fuite, ce qu'il ne pouvait leur
« disputer par le combat.

« Il organisa donc la smala. Il y rassembla tout ce qu'il tenait à
« conserver, il la plaça sous la garde de ses plus braves et de ses
« plus fidèles partisans, et l'envoya sur les limites du désert.

« Le campement de cette population nomade en fait connaître
« parfaitement l'organisation ; il était toujours le même, toujours
« régulier, sauf les obstacles invincibles opposés par le terrain,
« et se composait de quatre enceintes circulaires et concentriques,
« où chaque douar, chaque famille, chaque individu avait sa
« place fixe et marquée, suivant son rang, son utilité, ses fonc-
« tions ou la confiance qu'il inspirait. »

VI

M. le duc d'Aumale qui était allé chercher en
France quelque repos après tant de glorieuses fatigues, revient en Afrique au mois de novembre (20),

avec le grade de lieutenant général dont son courage et son dévouement l'avaient rendu digne. La
ville d'Alger fête son retour par un banquet où as-
sistent près de 200 personnes choisies parmi les

notabilités civiles et militaires ; au toast qui lui est porté, S. A. R. répond en ces termes :

« Le roi sera fort heureux, messieurs, de l'ac-
« cueil que vous voulez bien me faire, je vous en
« remercie en son nom. Je l'accepte comme un té-
« moignage de votre reconnaissance pour les efforts
« qu'il a faits et qu'il fait chaque jour pour la pros-
« périté de notre colonie d'Afrique.

« Le roi nous a envoyés ici, nous, ses fils, pour
« y payer à la patrie notre dette de citoyens et de
« soldats, et pour montrer que notre titre de princes
« était celui de premiers serviteurs de la France. Il
« nous a envoyés ici pour prouver tout l'intérêt
« qu'il porte à ce beau pays illustré par nos armes,
« à cette noble conquête de la civilisation, à cette
« nouvelle France, dont la création fera la gloire
« de son règne.

« C'est donc en son nom, au nom de tous les
« miens, au nom de ce frère à jamais regrettable
« dont vous avez conservé un si touchant souve-
« nir, que je viens boire avec vous à la prospérité
« croissante de l'Algérie, à son heureux et brillant
« avenir. »

Jamais plus dignes paroles ne sortirent de la bouche d'un prince, et certes, elles n'étaient point vaines! M. le duc d'Aumale devait avoir plus d'une fois l'occasion de les ennoblir encore par ses actes, dans son commandement de la province de Constantine.

1844. — Dès les premiers mois de ce beau commandement, M. le duc d'Aumale continue l'œuvre de ses prédécesseurs par une expédition importante et difficile.

La province du Ziban, au sud de Constantine, était livrée depuis longtemps à la plus déplorable anarchie. Érigée en kalifat en 1838 par l'émir Abd-el-Kader, elle avait été en 1839 placée par la France, sous l'autorité de Ben-Ganah, cheikh-el-arab, et livrée tour à tour depuis cette époque aux exactions et aux représailles de ces deux compétiteurs. Le cheikh-el-arab avait bien repris sur les habitants nomades de cette partie du petit désert toute l'influence que sa famille y exerçait depuis des siècles; mais Sid-Mohammed-Segrair, marabout de Sidi-el-Okba, dernier kalifah de l'émir, tenait encore avec les restes de son bataillon régulier, dans la citadelle de Biskara. Pendant la saison d'été, lorsque les populations nomades se rapprochaient du Tell pour s'y approvisionner en grains, ce kalifah parcourait en toute liberté les solitudes où sont répandues çà et là des bourgades incapables de se défendre par elles-mêmes, exerçait des vengeances et percevait des impôts. Puis les goums du cheikh-el-arab redevenaient maîtres pendant l'hiver de toutes ces contrées, à l'exception des villes occupées par les soldats de l'émir. Il en résultait que le commerce était dans une stagnation complète, et que les habitants des villes étaient condamnés à la plus affreuse misère. Plusieurs de ces villes mêmes furent détruites de fond en comble au milieu de ces luttes successives.

Il importait à notre honneur et à nos intérêts de mettre fin à ces désordres. Tel fut le but de l'expédition de Biskara [1].

(25 février - 20 mars.) — La colonne expédition-

---

[1] Biskara est un point fort important. C'est par Biskara que s'établissent les rapports de Constantine avec le Désert. Ses marchands tirent de Constantine des armes, des grains et des tissus, et y viennent vendre des dattes, du tabac en feuilles, des objets de teinture, des burnous, de la gomme et des plumes d'autruche. L'ensemble de ce commerce peut être évalué aujourd'hui à 200,000 francs par an. El-Kangah, El-Kantara et les villes que l'on rencontre avant d'atteindre le Zab [*] de Biskara, envoient aussi à Constantine des dattes et des tissus de laine.

---

[*] Zab, pays à oasis où croissent les palmiers à dattes. Ce pays dont Biskara était la capitale, renferme quarante villes ou villages rangées en cercle, à peu de distance les unes des autres. Il était administré par un caïd. — Il y avait aussi le Zab de Tuggurt, qui contenait quatorze petites villes.

naire, partie le 25 février du camp de Betna, entra le 4 mars sans coup férir, à Biskara. Le kalifah d'Abd-el-Kader s'était retiré. La population nous reçut avec empressement. Des députations de toutes les petites villes du Ziban et de toutes les tribus nomades sans exception, vinrent dans notre camp, demandant le pardon de toutes leurs fautes, l'amitié et la protection de la France. Mais le kalifah de l'émir, qu'il eût fallu surtout atteindre, avait prêché la guerre sainte chez les montagnards de l'Aurès, et commandait un rassemblement fort considérable, au village de Mechoumèche. M. le duc d'Aumale dut se diriger sur ce point, qui devint le théâtre d'un engagement très-sérieux. Le village est d'abord emporté après une vive fusillade[1]; un bastion ou fort est évacué par les Kabyles que décimait l'artillerie dirigée avec habileté par M^r le duc de Montpensier. Mais l'ennemi s'est retiré sur un rocher taillé à pic d'où il paraît inexpugnable. Les efforts héroïques d'un détachement de la légion étrangère se sont brisés devant cette position courageusement défendue ; une compagnie du 2ᵉ de ligne en-

---

[1] Ce village fut immédiatement incendié. Il était bâti en pierres et en bois. Les Arabes lui avaient donné le nom de *Stamboul de l'Aurès*, sans doute parce qu'ils y avaient réuni toutes les richesses du pays, et le regardaient comme imprenable.

voyée pour le soutenir n'a pu arriver jusqu'à lui ; le nombre des Arabes augmente sans cesse ; animés au combat par un marabout vêtu de rouge, ils se jettent sur les hommes de la légion qui, écrasés par le nombre, se replient sur la compagnie du 2ᵉ. Le capitaine Lespinasse est atteint gravement, et ses braves soldats disputent son corps aux Arabes. Ceux-ci se croient sûrs de la victoire. Quelques officiers se précipitent alors pour ramener les troupes en avant. M. le duc de Montpensier, déjà parti avec eux, dut obéir à l'ordre de son frère qui lui commandait impérieusement de rester près de lui. Le jeune général qui, dans ce moment critique, avait conservé tout son sang-froid, ralliant diverses compagnies, prescrit les mesures nécessaires pour un assaut.

Les deux princes donnent l'exemple ; emportés par un sentiment irrésistible, ils s'élancent au pas de course, suivis de leur état-major. Les réguliers d'Abd-el-Kader les saluent d'une grêle de balles. M. le duc de Montpensier seul est atteint au-dessus de l'œil droit ; mais malgré la douleur qu'il ressent et le sang qui coule de sa blessure, le prince pousse jusqu'au retranchement de la compagnie du 2ᵉ. Les Arabes étonnés de ce mouvement, qui est soutenu par l'artillerie, paraissent hésiter. En ce

moment, le capitaine de grenadiers de la légion,
M. Meyer, montrant à M. le duc d'Aumale un de nos
blessés, abandonné à cinquante pas, crie à S. A. R. :
« Monseigneur, il respire ! » — « En avant donc ! »
s'écrie le prince, et tout le groupe court aux rochers.
Les Français n'étaient pas alors plus de trente, dont
dix officiers, et ils avaient devant eux plus de cinq
cents Arabes. Mais le tambour et le clairon sonnent
la charge, toutes les troupes s'ébranlent et s'animent
d'une nouvelle ardeur. Trois ou quatre décharges
successives ne peuvent les arrêter. Le lieutenant colonel Jamin, atteint à la hanche, à côté de M. le
duc d'Aumale, tombe en s'écriant : « Monsei-
« gneur, je vous demande pardon de ne pas vous

« suivre, je suis blessé. » Mot vraiment français et
qui peint très-bien le caractère chevaleresque de nos

vaillants officiers. Que ne peuvent des soldats français enflammés par de tels chefs ! La terreur s'empare
des Arabes, ils se retirent en désordre ; M. le duc
d'Aumale est des premiers arrivés sur le plateau,
son jeune frère à côté de lui, il l'embrasse, puis se
tournant vers ses officiers et leur montrant l'ennemi
qui fuyait, il leur dit : « Vous voyez, messieurs,
« voilà comme il faut aborder ses ennemis. Une
« marche hardie et ferme, sans coups de fusil, les
« épouvante bien plus qu'une vaine fusillade, à la-
« quelle ils ripostent quelquefois avec avantage, et
« qui nous fait perdre des hommes et du temps. »
La charge continue, nos troupes ne rentrent à leur
bivouac qu'à dix heures du soir, exténuées de fatigues. Le lendemain, une poussière chargée de chaux
qui aveuglait, fit nommer ce bivouac par les soldats
que la gaîté française n'abandonne jamais, *le bivouac de Champlâtreux.*

L'ennemi était dispersé, deux de ses chefs avaient
été tués, le kalifah d'Abd-el-Kader s'était retiré sur
le territoire de Tunis. La colonne expéditionnaire
reprit la direction de Betna, où elle arriva le 21 sans
brûler une amorce.

VII.

(25 avril - 2 juin.) — L'expédition de Biskara n'é-
tait que le prélude d'opérations militaires qui devaient être pour le prince une nouvelle occasion de
gloire. Il était devenu indispensable de compléter et
d'assurer la soumission des tribus comprises entre le
Djebel-Ouled-Sultan et le Djebel-Aurès. Quelques-
unes de ces tribus, au nombre de dix, avaient fait
en partie leur soumission; mais aucune garantie
réelle n'avait été obtenue. Le camp de Betna avait
même été l'objet, pendant l'expédition de Biskara,
de plusieurs attaques fort sérieuses. La tente d'Ach-
med Bey dressée audacieusement à quelques lieues
de ce camp, était un foyer permanent d'intrigues et
d'hostilités. Fiers de la virginité de leurs montagnes
où jamais armée n'avait pu pénétrer, les Ouled-Sultan, ses hôtes, continuaient à prêcher la guerre
sainte.

Principaux instigateurs des attaques du camp de Betna, mis en quelque sorte au ban de la province pour leurs brigandages, craints et détestés de la plupart des tribus, ces montagnards allaient être choisis pour servir d'exemple, et assurer la soumission de leurs voisins par des moyens moins rigoureux.

Le 21 avril, toutes les troupes étaient ralliées ; six bataillons, cinq cents chevaux et une batterie de campagne étaient concentrés à M'ghaous [1] au pied du Djebel-Ouled-Sultan. Nos troupes ayant attendu un temps favorable pénétrent dans la montagne, le 24 avril. Les Kabyles, profitant d'un épais brouillard survenu tout à coup, commencent l'attaque avec furie. Le désordre se met dans notre goum (contingent arabe). Mais le convoi, un moment au pouvoir de l'ennemi, est promptement dégagé par une charge que dirige l'intrépide commandant Gallias. En même temps M. le duc d'Aumale qui s'était toujours maintenu à la tête de la colonne, suivi de ses aides de camp, et de ses officiers d'or-

----

[1] *M'ghaous* est un village charmant, entouré d'arbres verts ; un bouquet de peupliers très-élevés, quelques maisons bâties en pierres, lui donnent de loin l'aspect d'un village de France. La route de Constantine à M'ghaous est magnifique. C'est la route du désert la plus fréquentée.

donnance, exécute une charge qui a pour résultat de contenir l'ennemi [1] : celui-ci est bientôt repoussé, et essuie des pertes considérables. On lui tue plus de cent hommes, entre autres dix-sept Tolbas ou Marabouts. Les Ouled-Sultan firent alors une démarche de conciliation auprès du prince, mais leurs avances furent rejetées, il fallait avant tout leur infliger un châtiment sévère, et tout fut préparé pour le rendre aussi prompt que possible.

Le 1ᵉʳ mai, les montagnes sont envahies une seconde fois. Un combat très-vif et dans lequel les Kabyles perdirent plus de quarante hommes, signale encore cette journée.

Le 8, les Ouled-Sultan qui avaient déjà éprouvé la puissance de nos armes cherchent en vain un

---

[1] « C'est la seconde fois dans le cours de cette campagne que « le prince paye de sa personne comme le dernier de nos soldats; « et ici comme à Méchoumèche, notre jeune général a entendu de « bien près les balles siffler à ses oreilles; son cheval a été blessé « deux fois. Plusieurs sous-officiers et chasseurs ont été tués ou « blessés à ses côtés. — Certes, le prince est trop modeste pour « raconter sa conduite; c'est donc à nous qu'il appartient de la « publier. »

Journal l'Algérie, 16 mai 1844.

Dans cette journée, le capitaine Duron, officier d'ordonnance du prince, fut blessé mortellement. Le cheval de S. A. R. et ceux de tous ses officiers furent criblés de balles.

refuge dans les retraites les plus inaccessibles de leurs montagnes. Nos soldats les y poursuivent, leur tuent beaucoup de monde et font sur eux un immense butin.

Le 12 et le 13, de nouveaux et terribles coups les décident à se rendre à discrétion. Les Ouled-Bouaoun, la tribu noble du pays, vinrent se jeter aux pieds du prince en lui demandant le pardon pour eux et leurs frères à quelque condition que ce fût.

Rentré, après ces succès décisifs, au camp de Betna, M. le duc d'Aumale y fut informé par l'un des Français laissés en petit nombre à Biskara (le sergent major Pelisse) que la garnison de cette ville avait été surprise dans la nuit du 11 au 12, et que le kalifah d'Abd-el Kader, (Ben-Ahmet-bel Hadj) avait pu s'emparer de la Casbah. Ce grave accident ne servit d'ailleurs qu'à mieux faire connaître l'esprit des populations, puisque le brave Pelisse put, seul, avec le secours des Indigènes rentrer dans cette Casbah. Le prince arriva le 18 à Biskara après une marche de 36 lieues en 48 heures, et prit aussitôt les mesures qui devaient assurer le châtiment des coupables.

Le principal but de l'expédition était atteint ; les Ouled-Sultan étaient soumis ; ces fiers mon-

tagnards qui se croyaient invincibles s'étaient ré-
signés à payer une contribution de cinquante-huit
mille francs. Tous les Douars étaient descendus dans
la plaine. Tous les chefs s'étaient rendus auprès de
l'officier chargé de faire rentrer cette contribution.

« Nous n'avions jamais été soumis à personne,
« disaient-ils ; nous avons eu un moment d'orgueil ;
« nous espérions vous résister. Aujourd'hui vous
« nous avez démontré notre impuissance ; le pres-
« tige de nos montagnes est détruit, nous vous
« reconnaissons pour nos maîtres, et vous n'aurez
« pas de serviteurs plus fidèles que nous. »

Une assez forte garnison avait été laissée à
Biskara, sous les ordres de M. le chef de bataillon
Thomas. Le camp de Betna reçut également des
forces suffisantes pour agir sur les environs. Depuis
quatre mois, l'infanterie de la colonne expéditionnaire avait tenu campagne sans interruption.

VIII.

L'on a vu le duc d'Aumale dans la campagne de
l'Ouarensenis, dans l'affaire de la Smala, à Méchoumèche, dans les âpres montagnes des Ouled-Sultan,
déployer les plus rares qualités guerrières, et réunir à l'habileté du général l'intrépidité du soldat.
Loin de se plaindre *d'une grandeur qui l'attache au
rivage*, il ne songe au privilége de son rang, que
pour se jeter le premier dans la mêlée. Nobles élans,
qui, en France, exciteront toujours de vives et généreuses sympathies! Mais le duc d'Aumale a d'autres titres encore à l'estime du pays. L'ardeur qu'il
porte dans les combats, il sait l'appliquer aux affaires sérieuses. Le soldat, le général n'effacent point
en lui l'administrateur, et il n'oublie jamais qu'il est
chargé de l'organisation de la province la plus importante de l'Algérie[1]. Voyez-le à Biskara. Le jeune géné-

---

[1] Se reporter à la fin de la notice qui va suivre.

ral a déjà étudié le pays, il connaît le caractère et les
habitudes des populations qui habitent le Sahara [1].
Mais, à peine arrivé à Biskara, son premier soin
est d'étudier encore. Ses officiers les plus instruits

[1] Voici comment le prince décrit le Sahara, dans son rapport
du 22 mars 1844 :

« Le Sahara est une plaine sablonneuse fort peu élevée au-
« dessus du niveau de la mer. Le point le plus éloigné vers le
« sud, où les beys de Constantine allaient de temps à autre per-
« cevoir l'impôt, est Tuggurt, dont le chef est dans les meilleures
« relations avec notre Cheick-el-Arab. Çà et là de vastes espaces
« sont couverts de plantes aromatiques qui servent de pâture
« pendant l'hiver aux troupeaux des tribus nomades. Partout où
« se trouve une source, un filet d'eau, on rencontre un village
« et un bois de dattiers, à l'ombre desquels on récolte quelques
« céréales ; les épis sont formés au mois de mars. Vers le nord,
« la plaine est arrosée par les rivières qui descendent de l'Aurès
« et du Mestaoua, et qui vont se perdre dans les sables. Les oasis
« qui sont les plus nombreux, les plus fertiles, ce sont les Ziban.

« Les populations de la partie du Sahara qui dépendent de
« Constantine, et dont le gouvernement du Roi a confié le com-
« mandement à Bou-aziz-ben-Ganah, cheick-el-arab, peuvent donc
« se diviser en deux catégories distinctes.

« 1° Les habitants sédentaires du Ziban, gens industrieux,
« pacifiques, qui se livrent au commerce, à l'agriculture, et qui
« ont essentiellement besoin d'ordre et de tranquillité.

« 2° Les tribus nomades, les véritables Arabes, race inquiète,
« pillarde, mais que la nécessité de venir chaque année dans le
« Tell acheter leurs grains sur nos marchés maintient facilement
« dans l'obéissance. »

dans la connaissance des mœurs et de la langue arabe (M. le commandant Thomas, les capitaines Duneveu, Desvaux et Formier) visitent les villages, interrogent partout les Djemmâa ou assemblées de notables, et recueillent des renseignements politiques et statistiques qui permettent au prince de constituer l'autorité.

Ce n'est qu'après s'être ainsi entouré de toutes les lumières que M. le duc d'Aumale frappe une première contribution en argent et en nature[1]; comme mesures immédiates, il prononce la confiscation au profit de l'État des biens des émigrés qui ne seraient pas rentrés avant le 25 mars; l'arrestation de quelques turbulents qui doivent être amenés à Constantine comme ôtages; enfin, conformément aux instructions de M. le gouverneur général, il organise une compagnie de tirailleurs indigènes de trois cents hommes, destinée à occuper la casbah de Biskara, et un goum de cinquante cavaliers d'élite.

Les attributions du cheick-el-arab, relatives aux populations nouvellement conquises, sont immédiatement réglées de manière à laisser au commandant supérieur une surveillance continuelle

---

[1] Le total des impositions dans le Zibau et dans le Belezma, dépassait, à la fin de juin, 200,000 francs.

sur ses actes et de donner aux populations les garanties nécessaires. Les droits de chaque fonctionnaire indigène sont également fixés. L'impôt enfin est établi. Il est unique, proportionnel à la richesse, et déterminé chaque année, par une lettre du commandant de la province à chaque tribu ou village ; la perception en est confiée au cheick-el-arab; l'exercice de la justice est aussi réglé. Enfin des ordres sont donnés pour que les voyages des nomades dans le Tell se fassent à époque fixe, par des routes désignées et avec autant d'ordre que possible.

Chez les Ouled-Sultan, le prince, après la victoire, s'occupe avec une habile circonspection de l'organisation du pays. Averti par l'expérience, il juge dangereux de placer toutes les tribus du Belezma sous un commandement unique. Il les groupe suivant leurs intérêts et leurs habitudes, et les divise en quatre caïdats, dont deux sont confiés à des marabouts. Il appelle pour la première fois, dans la province de Constantine, ces chefs religieux au pouvoir, expérience remarquable et hardie qui sera sans doute couronnée de succès. Il règle ensuite, comme à Biskara, la justice, les impôts, les amendes, etc.

Tels sont les succès du prince, tels sont les travaux éminents attachés à son glorieux commandement.

Dans les montagnes des Ouled-Sultan, après les vives et sanglantes actions des 24 avril, 1er, 8 et 12 mai, M. le duc d'Aumale ne montre pas moins de calme, de prévoyance, de modération et de sagesse. Les populations s'inclinent sous cette main si jeune et pourtant si ferme ; la fidélité des tribus le plus récemment soumises ne se dément pas. Quelques misérables entraînés par le fanatisme, peuvent bien comme à Biskara se rendre complices d'une lâche trahison ; mais cet événement qui n'a aucun caractère politique, fait ressortir le bon esprit des populations, et le sergent major Pelisse, dont toute la conduite dans cette affaire a été si courageuse et si honorable, peut, seul, au milieu de tant d'indigènes vaincus de la veille, reprendre au nom de la France, la casbah sur le kalifah de l'émir.

Certes, lorsqu'on songe que de tels résultats se produisent au-delà de l'Atlas, dans un pays où nos armes viennent de pénétrer pour la première fois, chez un peuple farouche, d'origine, de religion, de langue, d'habitudes et de mœurs si différentes des nôtres, l'on ne peut qu'éprouver un sentiment d'admiration pour le génie de la France, en même temps qu'un sentiment de haute et profonde estime pour le jeune prince, qui obéissant à de nobles instincts de gloire, consacre les plus belles années de sa vie à l'accomplissement de cette mission de civilisation et d'humanité.

Sous ce commandement qui date à peine de quelques mois, la situation générale de la province s'est notablement améliorée.

Les Hanenchas et les Haractas, tribus puissantes longtemps insoumises, ont continué de payer l'impôt [1].

Les Beni-Salah, les Beni-Hassen, les Beni-Amran et les N'heds, longtemps hostiles, ont fait leur soumission.

Les Kabyles de Collo sont rentrés dans l'ordre.

Vainement, dans le cercle de Philippeville, un marabout fanatique (Bou-Dhéli), que le sort de Si-Zerdoud n'effrayait point, avait essayé de soulever les populations. Ces tentatives, promptement et énergiquement réprimées, n'ont abouti qu'à révéler notre force et l'impuissance de nos ennemis.

Au sud, le kalifah d'Abd-el-Kader protégé par le

---

[1] Les Haractas ont payé 162,500 francs en quinze jours, sans que les troupes aient eu à employer aucune mesure de vigueur. C'est, depuis 1837, le plus beau résultat qui ait été obtenu, et celui qui a coûté le moins de temps et d'efforts. Les payements se sont effectués en argent seulement.

L'impôt général, au mois d'août, s'élève déjà à près de 3 millions.

désert; au centre Ben-Salem et Achmet-Bey, réduits
à chercher un refuge et une hospitalité douteuse
dans les montagnes de l'Aurès, pourront bien encore, à force d'intrigues et de prédications fanati-
ques, exciter quelques soulèvements passagers. Mais
les progrès politiques et le prestige de notre domination s'augmentent chaque jour. De Tuggurt, ville
située sur la frontière du grand désert, un chef
indigène (Ben-Djellah) apporte son tribut à Constantine; plus récemment, Bou-Okkas, chef des Ferd-
jiouah, qui, depuis 1840, et après le départ du général Galbois (*Algérie, 22 août*), n'avait voulu se
présenter devant aucun des commandants supérieurs
de la province, est venu baiser la main du duc d'Au-

male en signe de soumission. Notre politique, dirigée, appliquée dans la province de Constantine, avec

autant de prudence que de résolution et de fermeté,
a donc eu tout le succès qu'elle devait obtenir. Si
quelques coups terribles doivent encore être portés,
notamment dans les montagnes de l'Aurès et dans
le Sahel de Djigelly [1], l'on sait que nos braves soldats n'ont pas plus l'habitude de reculer que leur
jeune chef; l'ennemi quel qu'il soit, sera atteint et
puni, et le succès, nous n'en doutons point, cou-
ronnera de généreux et derniers efforts.

Les travaux de la politique et de la guerre n'ont
point fait négliger au prince les travaux non moins
importants de la paix.

---

[1] Il est du reste à remarquer que les villes de Collo et de Djigelly
ne reconnaissaient pas, sous le régime turc, l'autorité du
pacha. Les tribus habitant cette partie du Sahel étaient complé-
tement indépendantes; elles venaient cependant quelquefois aux
marchés de Constantine ou aux autres marchés de la province,
pour s'approvisionner et échanger leurs produits. La route de
Milah à Djigelly n'était pas sans danger pour les voyageurs, qui
allaient s'embarquer dans ce dernier port pour se rendre à Alger.
Mais les caravanes nombreuses, et surtout les agents du gouvernement, n'y auraient pu passer.

IX

A peine en possession de son commandement, M. le duc d'Aumale a porté son attention sur la ville de Constantine et sa banlieue. Six cents ouvriers militaires ont travaillé à niveler la place de la Brèche, à terminer les routes qui y aboutissent, à planter sur les sommets du Coudiat-Aty quinze cents pieds

d'arbres envoyés par les pépinières d'Alger et de Bone. Des déblais considérables ont été faits dans l'intérieur de la ville; les travaux publics y ont été poussés avec une grande activité, et toutes les mesures ont été prises pour que Constantine devînt bientôt digne de son importance, comme capitale de la plus riche province de l'Algérie.

Des ordres ont été donnés pour l'achèvement de la route de Philippeville à Constantine.

Enfin, l'assainissement du territoire, sa colonisation, ont été l'objet de la plus vive sollicitude de M. le duc d'Aumale. La construction de plusieurs villages a été décidée.

Après tous ces faits, après ces exemples de courage, de dévouement, comment s'étonner que la population européenne de Constantine ait voulu témoigner solennellement au jeune prince ses sentiments de vive et profonde sympathie? Les vertus guerrières dont M. le duc d'Aumale avait fait preuve, étaient d'ailleurs rehaussées en lui par une rare activité d'esprit, par une grande application, et par une volonté énergique du bien.

« Ce qui nous fait estimer surtout notre jeune gé-
« néral, écrivait-on à cette époque de Constantine,
« c'est l'ordre et la régularité qu'il a introduits dans
« l'administration des tribus arabes; ce sont ses
« pensées fermes et persévérantes qui distinguent

« les esprits organisateurs ; c'est enfin ce sentiment
« élevé de la gloire et de la dignité de la France,
« dont tous ses actes portent le cachet. — L'ambi-
« tion qu'avoue le duc d'Aumale, c'est que les Fran-
« çais soient partout les premiers : par la bravoure
« dans les combats, par la probité et l'intelligence
« dans l'administration, aux yeux des Arabes de
« l'Algérie aussi bien qu'en présence de l'Europe. »

Aucune manifestation ne pouvait donc, à l'égard
du duc d'Aumale, être suspecte de flatterie. L'on
choisit noblement pour la fête qui lui était depuis
longtemps réservée, le glorieux anniversaire de la
révolution de 1830. Un banquet réunit les officiers
de tous les corps et de toutes les armes, les autorités civiles, le clergé, les divers employés civils et

militaires, les principaux négociants, etc. Les indigènes virent défiler avec une vive curiosité ce brillant cortége, où se confondaient tous les uniformes de l'armée. « C'est aujourd'hui, disaient-ils, la « grande fête des Français. » La Marseillaise devait se faire entendre dans cette fête. Les frémissements excités par ce chant si éminemment national étaient à peine apaisés, lorsque M. le général Delarue réclama le silence et porta un toast au roi et au duc d'Aumale. D'unanimes acclamations lui répondirent de toutes les parties de la salle. Le duc d'Aumale se leva ensuite, et prononça d'une voix forte les paroles suivantes :

« Messieurs, je suis profondément touché de la
« marque d'estime et d'affection que vous me don-
« nez aujourd'hui. Je vous en remercie simplement,
« sans phrases, comme il convient entre frères
« d'armes, comme il convient entre gens qui ser-
« vent la même cause et qui ont su se connaître et
« s'apprécier.

« Messieurs, sur cette terre jadis étrangère et
« que nous assimilons à notre patrie ; en ce jour de
« glorieuse mémoire que vous avez choisi pour être
« celui de notre réunion, rien ne saurait mieux
« convenir qu'un toast à notre vieille France.

« Au nom de tous ceux de ses enfants qui, dans
« cette contrée lointaine, viennent la servir et ris-
« quer leur vie pour elle, je bois à notre mère com-
« mune, et, comme le disaient nos pères, à la
« prospérité et à la gloire de la grande nation. »

Ces sentiments élevés et patriotiques caractérisent
le duc d'Aumale. Il est trop bon soldat pour n'être
pas bon citoyen. N'est-ce point assez pour qu'on lui
pardonne d'être un habile général, un administrateur laborieux et distingué?

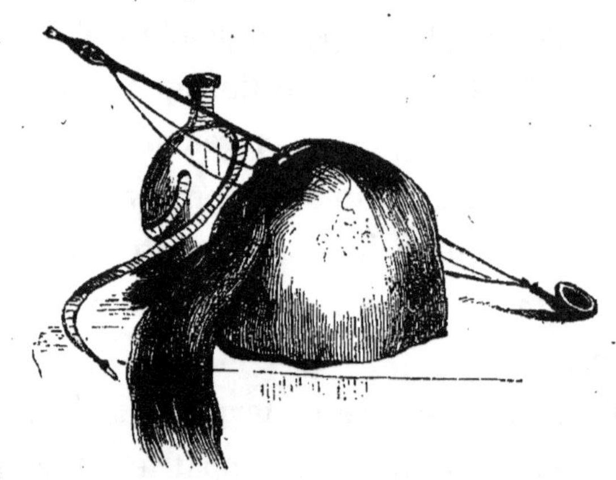

NOTICE

SUR LA PROVINCE DE CONSTANTINE.

Constantine (Cirta des anciens, Cossentina des Arabes), capitale de la province la plus considérable et-la plus riche de l'Algérie.

Constantine est le siége du commandement supérieur de la province, et le chef-lieu d'une division militaire. — Tombée en notre pouvoir le 13 octobre 1837. — Sa population a varié de 25 à 30,000 habitants, dont quelques centaines de chrétiens, et 3,000 israélites, le reste musulmans. Au 31 décembre 1840, le chiffre de la population européenne était de 840.

La longueur de la province, en suivant les sinuosités de la côte, est d'environ 120 lieues; sa profondeur, qui est quelquefois de 200 lieues, en y comprenant Tuggurt et Ouergala, peut être considérée comme ayant une étendue moyenne de 85 lieues.

Cette province, sous El-hadj-Ahmed, était partagée en quatre grandes divisions.

L'Est (Chark) comprenait toute la partie du territoire qui s'étend de Constantine à la frontière de Tunis;

L'Ouest (Gharb), de Constantine à la chaine des Bibans;

Le Sud (Kiblah), c'est-à-dire le pays qu'on a devant soi lorsqu'on regarde dans la direction de la Mecque, à peu près au sud–est du monde, depuis Constantine jusqu'au grand désert : le Saharah était compris dans cette division;

Le Nord (Dhahrah, c'est-à-dire le pays qu'on a derrière soi lorsqu'on est tourné vers la Mecque), tout le littoral, nommé plus généralement Sahel, depuis Bône jusqu'à Bougie.

La population établie dans cette province est divisée en trois races, qui se distinguent les unes des autres par les mœurs, le caractère et le langage ; ce sont :

1° Les Arabes, qui habitent plus particulièrement les régions méridionales de la province ;

2° Les Chaouïa, établis dans la zone centrale ;

3° Les Kabyles, fixés dans la partie septentrionale, sur le littoral de la Méditerranée.

Les Arabes sont considérés comme descendants des premiers Musulmans qui firent la conquête de l'Afrique. Ils ont conservé intactes les habitudes de leurs ancêtres. Comme eux, ils habitent sous la tente ; ils sont nomades, élèvent des troupeaux de moutons et de chameaux.

Les Chaouïa sont plus agriculteurs que pasteurs ; ils élèvent cependant des troupeaux de moutons et de bœufs. Ils habitent aussi sous la tente, mais ils sont plus sédentaires que les Arabes. Ceux qui sont établis dans les montagnes de l'Aurès et de Belezma sont plus spécialement désignés sous le nom de Djebaïliah (montagnards) ; leurs mœurs se rapprochent beaucoup de celles des

Kabyles. Ils parlent une langue tout à fait distincte de l'arabe,
et que les Arabes ne comprennent pas.

Les Kabyles sont plus industrieux que les Arabes et les Chaouïa.
Ils sont tout à fait sédentaires. Ils habitent des chaumières, leurs
champs sont enclos.

Cette population ainsi partagée quant aux races, n'était pas classée administrativement d'après les divisions territoriales, comme cela a lieu en Europe ; elle était partout constituée en tribus, avec les seules différences de l'origine, du nombre ou des habitudes. Les tribus les plus considérables avaient chacune un chef ; pour celles de moindre importance, on en réunissait plusieurs sous l'autorité d'un seul.

Dans toute là province, la grande tribu est désignée sous le nom de Aarch (maison, nid). L'aarch se divisait en Ferkah (séparation, division) ; le Ferkah se subdivisait en douar (cercle, rond). Le Douar se compose de tentes (béit ou béit-el-chaar, maison, maison de poil) ; la tente représente la famille. Ces divisions sont principalement en usage chez les Arabes et chez les Chaouïa ; les Kabyles y apportent quelques modifications. Le Douar s'appelle Dechrah, c'est-à-dire village ; l'habitation de la famille prend le nom de Gourbi, et plus généralement Dar (chaumière, maison). Plusieurs Dechrah réunies forment une Kharoubah.

Les grandes tribus étaient commandées par des kaids, les Ferkah par des cheicks, les Douars par les anciens ou chefs de famille.

Toutes ces tribus auraient pu mettre sur pied 45 mille hommes armés, dont 22,000 fantassins, et 23,000 cavaliers. Dans ce nombre, ne paraissent point être compris les hommes armés appartenant aux tribus de Bougie et des environs.

Les revenus de la province s'élevaient à près de 1,800,000 fr.

Le commerce de Constantine se compose d'éléments divers et puisés à trois sources différentes :

1° Les produits de l'industrie tunisienne ;

2° Les produits du désert ;

3° Les produits d'Europe.

Nous avons pensé que ce rapide aperçu de l'organisation, de l'importance et des forces de la province de Constantine intéresserait le lecteur, et lui ferait apprécier d'une manière plus complète les immenses difficultés que présente son administration.

Les bases de la nouvelle organisation ont été posées par l'illustre maréchal Valée, dans les arrêtés des 30 septembre et 1ᵉʳ novembre 1838. Ces arrêtés se complètent aujourd'hui par l'ordonnance royale du 9 juin 1844, qui règle le mode d'administration de la ville de Constantine.

La pensée de haute sagesse qui a présidé à cette organisation [1] a dû être constamment présente à l'esprit des divers commandants supérieurs de la province de Constantine, Négrier, Galbois, Négrier (bis), Baraguay d'Hilliers et duc d'Aumale. Ménager le plus possible les habitudes des populations indigènes, préparer progressivement ces populations à la domination nouvelle qu'elles doivent subir, mais en même temps leur faire reconnaître notre souveraineté et en maintenir parmi elles le libre exercice, tel est le problème qui se présentait à résoudre, et l'on peut dire que cette solution si heureusement préparée par les premières et habiles mesures de M. le maréchal Valée, sera hâtée par l'administration à la fois si modérée, si ferme et pourtant si hardie et si absolue de M. le duc d'Aumale. L'expédition de Biskara, celle du Belezma, ont prouvé que les armes de la France ne pouvaient rencontrer aucune résistance sérieuse, et la soumission complète de toutes les tribus, sera sans doute bientôt le résultat de nos persévérants et énergiques efforts.

[1] Voyez sur cette organisation : 1° l'*Annuaire de l'Algérie* pour 1842, pages 238 et suivantes ; 2° les *Lois de l'Algérie*, par M. Franque, page 886; 3° la *Division politique*, etc., par le même.

Depuis que cette notice est écrite, Monseigneur le duc d'Aumale a quitté le commandement de la province de Constantine, où il a été remplacé par M. le lieutenant général Bedeau. S. A. R. est arrivée à Paris le 19 octobre 1844; elle en était absente depuis le 13 octobre 1843.

Dans le courant du mois qui suivit son retour en France, le prince s'était rendu à Naples, pour y célébrer son mariage avec sa cousine la princesse Marie-Caroline de Salerne, fille du prince de Salerne, oncle de Sa Majesté le roi de Naples, et frère de Sa Majesté la reine des Français. Cette célébration, à laquelle assista Monseigneur le prince de Joinville, eut lieu le 25 novembre.

Les deux princes avaient été, en Italie, l'objet des démonstrations les plus sympathiques, et d'un enthousiasme universel. Leur retour en France excita des témoignages encore plus vifs d'estime pour leur noble caractère et d'admiration pour leurs talents. Marseille connaissait déjà le duc d'Aumale, elle l'avait reçu après les expéditions de 1841, et lui avait payé sa dette en libres hommages. La population vive et ardente de cette grande cité, que tant de liens attachent d'ailleurs à l'Algérie, devait avoir de nouvelles acclamations pour le héros de la Smala, et pour le jeune amiral qui venait d'ajouter une si belle page aux fastes de notre marine militaire. L'on retrouvera sans doute ici avec intérêt le discours adressé aux princes par son représentant officiel, M. Reynard, député et maire de Marseille :

« Princes,

« J'ai l'honneur de vous offrir, au nom de la ville de Marseille, l'hommage du plus sincère et du plus profond dévouement.

« Marseille, assise en face de l'Algérie, cette France d'outre-mer, dont vos

armes ont agrandi et consolidé la conquête a l'heureux privilége de recevoir
les fils du Roi quand ils rentrent dans la mère-patrie, après avoir bien mérité
d'elle. Mais c'est pour nous une rare fortune de pouvoir saluer en même
temps et confondre dans une même manifestation deux princes en qui
semblent s'être personnifiés les deux grands intérêts marseillais, la marine et
Alger.

« Prince de Joinville, vieux marin de vingt-six ans, qui comptez déjà dix
années de mer, nous avons suivi tous vos pas dans votre carrière de pré-
dilection, et toujours, grâce à d'ineffaçables souvenirs, nous avons re-
trouvé le royal enfant qui se hasardait, à treize ans, sur l'Océan, dans le
vaillant capitaine qui combattait à Saint-Jean-d'Ulloa, dans l'illustre amiral
qui commandait à Tanger et à Mogador. Daignez recevoir, Monseigneur, les
félicitations que je vous adresse au nom de notre commerce maritime dont
vous avez assuré la sécurité.

« Duc d'Aumale, nous vous avons vu naguère rentrer dans nos murs
après la prise de la Smala, et ce brillant épisode par lequel votre audace
venait de terminer une lutte jusque-là toujours renaissante, excita l'enthousiasme de la France entière. Vous avez depuis obtenu de nouveaux
triomphes, et le nom de Biskara sera glorieusement inscrit sur la liste déjà
si longue des faits héroïques accomplis dans l'Afrique française. Marseille,
métropole d'Alger, vous prie de distinguer l'expression particulière de sa
reconnaissance au milieu des hommages que vous allez recueillir.

« C'est à vous d'acquitter notre dette, Madame : telle est la pensée
intime d'une population généreuse et enthousiaste qui va se presser sur
vos pas et dont votre gracieuse bonté aura bientôt gagné les cœurs. Heureux de vous accueillir les premiers dans votre nouvelle patrie, nous dépo-
sons à vos pieds, Madame la duchesse, l'hommage du plus profond respect,
et nous vous supplions de conserver quelque souvenir de ces instants dont
notre population gardera une éternelle mémoire. »

Le Prince dans les villes où il séjourne n'oublie jamais de visiter les hos-
pices. En parcourant une des salles de celui de Marseille, il reçut le salut
militaire d'un malade qui s'était soulevé sur son lit à son approche. S. A. R.
s'avança et apprit de la bouche de ce soldat que les blessures qui le retenaient
à l'hospice avaient été reçues en Afrique. M. le duc d'Aumale s'empressa
de lui prodiguer des consolations et de généreux adoucissements.

La seconde ville du royaume, Lyon, ne réservait pas au prince un moins
noble et moins patriotique accueil. Diverses députations furent admises
devant leurs altesses royales.

Lors de la réception officielle, S. A. R. le duc d'Aumale répondit au discours de M. le cardinal-archevêque de Lyon :

« Nous savons, monsieur le cardinal, que de tout temps le clergé français

« s'est fait un devoir d'adresser des vœux fervents à l'Éternel pour le triom-
« phe de la cause nationale, et qu'il confond dans une même affection les
« intérêts de la patrie et ceux de la religion. Nous en sommes d'autant plus
« sensibles à la sympathie que vous nous témoignez, et nous nous recom-
« mandons, ma femme et moi, aux bonnes prières de l'archevêque et du
« clergé de la ville de Lyon. »

Au discours de M. le président de la Cour royale de Lyon :

« Monsieur le président, je suis bien touché de la part que la Cour royale
« de Lyon veut bien prendre à mon bonheur, et, comme moi, la duchesse
« d'Aumale est profondément reconnaissante des sentiments que vous venez
« de nous exprimer au nom de votre compagnie. Elle sait déjà tous les
« titres de la magistrature française à la reconnaissance de la patrie, et
« saisit avec empressement cette occasion de lui témoigner par mon or-
« gane sa haute et sincère estime. »

Au discours de M. le président du tribunal de première instance :

« Monsieur le président, nous n'avons à l'intérêt qu'on veut bien nous
« témoigner d'autres titres que le zèle ardent de toute notre famille à servir
« partout et en tout temps la France. Nous serons bien récompensés si l'on
« apprécie notre dévouement, et je suis surtout heureux de recevoir ce té-
« moignage d'estime d'hommes aussi éclairés que les membres du tribunal
« de première instance de la ville de Lyon. »

Au discours de M. Terme, maire de Lyon, parlant au nom du corps
municipal :

« J'ai été très-heureux, Monsieur le maire et Messieurs les membres du
« conseil municipal, que votre aimable invitation me permit d'amener la
« duchesse d'Aumale à Lyon et de lui faire voir, à son arrivée dans sa
« nouvelle patrie, cette ville si nationale où l'on a le cœur si français et si
« généreux. C'est un excellent terrain pour apprendre à connaître et à
« aimer la France. Je tenais personnellement moi-même à vous remercier
« non-seulement des félicitations que vous voulez bien apporter en ce jour
« à ma femme et à moi, mais aussi de l'aimable accueil que vos conci-
« toyens m'ont fait, il y a trois ans, lorsque j'avais l'honneur de ramener
« en France un brave régiment. »

Au discours de M. le recteur de l'Académie de Lyon :

« Monsieur le recteur,
« Élevé sur les bancs de l'Université et reconnaissant de l'éducation que je

« lui dois, je me vois toujours avec un vif plaisir au milieu de ses membres.
« Aussi, ai-je été particulièrement sensible à l'accueil que vous voulez bien
« me faire, et je vous remercie des félicitations que vous nous offrez, à ma
« femme et à moi, au nom de l'académie de Lyon. »

Divers autres discours furent encore adressés au prince qui y fit des
réponses dignes.

Nous avons cru devoir ajouter à notre Notice les détails qui précèdent,
par deux raisons, d'abord, parce qu'ils font connaître honorablement l'esprit
des populations, toujours pleines d'estime et de sympathie pour les qualités guerrières, et en second lieu, parce qu'ils révèlent encore dans
M. le duc d'Aumale, ce mélange heureux de modestie et de fermeté
qui le distingue si éminemment.

TABLE DES MATIÈRES.

LE DUC D'AUMALE EN AFRIQUE.

www.ingramcontent.com/pod-product-compliance
Lightning Source LLC
Chambersburg PA
CBHW051616060726
47597CB00004B/1310